Le PORT d'ARMES

ET

Le DROIT PÉNAL

PAR

L. AMELINE

LICENCIÉ ÈS-LETTRES

COMMISSAIRE DE POLICE

LAVAL

IMPRIMERIE L. BEAUMONT

Quai Jean-Fouquet

Le PORT d'ARMES

ET

Le DROIT PÉNAL

PAR

L. AMELINE

LICENCIÉ ÈS-LETTRES

COMMISSAIRE DE POLICE

LAVAL

IMPRIMERIE L. BEAUMONT

Quai Jean-Fouquet

AVANT-PROPOS

La présente étude a eu pour point de départ un travail entrepris en vue de la préparation d'un concours déjà lointain. Sa rédaction m'a rappelé bien des veilles laborieuses au cours desquelles la tâche m'était rendue facile par la complaisance de quelques aînés à me faire bénéficier du fruit de leurs efforts. Treize ans d'exercice professionnel m'ont permis de compléter mes notes et de fortifier mes appréciations de candidat par l'appoint d'une certaine expérience. Cette étude eût été cependant bien incomplète sans les précieux documents mis à ma disposition par mon collègue et ami, M. Boulanger, mon « ancien » immédiat, à qui je dois une particulière reconnaissance. La clarté de ses schémas et l'abondance des textes réunis par lui le désignaient avant moi pour rassembler et coordonner les éléments de ce modeste ouvrage. Il est vrai que vingt autres questions, fouillées par lui avec le même soin, pouvaient aussi tenter sa plume ; de là sans doute son embarras et son inaction.

Nos jeunes camarades puiseront dans la lecture des pages qui vont suivre sinon un profit, du moins un encouragement à reprendre goût à la préparation d'une épreuve, dont la suppression momentanée n'allait pas sans inconvénient. Peut-être se rendront-ils compte que bon nombre de leurs devanciers durent le succès, non pas sans doute à un mérite exceptionnel, mais à un labeur méthodique.

Cette monographie pourra, je l'espère, en raison du groupement des textes relatifs au port d'armes et des commentaires dont les textes sont accompagnés, retenir aussi un instant l'attention des magistrats, des membres du barreau, de tous ceux qui s'intéressent aux études théoriques du droit pénal ou aux pratiques de la vie judiciaire. J'ai essayé, par des divisions logiques, de rendre aussi clairs que possible les deux premiers chapitres, arides par leur objet même, ainsi que par le nombre et l'importance des citations. L'écueil des citations était inévitable, à moins d'astreindre le lecteur à feuilleter simultanément le présent opuscule, le Code Pénal et la collection des journaux officiels.

Le simple citoyen trouvera enfin dans cette étude réponse à des étonnements fréquemment manifestés au sujet de l'interdiction des armes de poche. Il s'apercevra qu'il n'est pas aussi facile qu'on ne le croit communément de favoriser les honnêtes gens par des mesures de faveur. Il devra reconnaître qu'une loi qui a pour base l'intérêt de tous ne peut sans danger tenir compte des contingences particulières et des suggestions émanant d'un souci excessif de notre sécurité individuelle.

Neuilly-sur-Seine, Janvier 1919.

LE PORT D'ARMES

ET

LE DROIT PÉNAL

PRÉLIMINAIRES. — PLAN

A l'âge des cavernes, l'homme était toujours armé. Comme il tirait sa nourriture et ses vêtements de la chasse, la hache en silex et la massue de bois étaient ses compagnons inséparables et ses meilleurs instruments de travail. Ces armes primitives le protégeaient en outre, lui et les siens, contre les animaux féroces et aussi contre les tribus voisines : à cette époque les rapports entre individus étaient régis, comme le sont encore actuellement les rapports entre les peuples, par le droit du plus fort.

La civilisation, en créant des organismes de protection collective, a rendu moins utiles les précautions de défense personnelle. La société a assumé peu à peu la responsabilité de notre sauvegarde et nous a demandé, en retour, de renoncer, dans un intérêt commun, à l'exercice de certaines libertés. L'individu, néanmoins, hésite à se priver, en vivant constamment sans arme, d'une garantie de sécurité qui lui devient d'autant plus chère qu'on lui en interdit l'exercice. Il a donc fallu instituer des pénalités, non seulement contre ceux qui se servent d'armes pour perpétrer des méfaits, mais aussi contre ceux qui compromettent, même du fait de leur prudence excessive, l'ordre public et la sûreté de leurs concitoyens. Car une arme, surtout une arme moderne, peut être aussi dangereuse entre les mains d'un ivrogne, d'un poltron ou d'un nerveux qu'entre les mains d'un malfaiteur.

La question du port d'armes prohibées n'a jamais cessé, au cours des âges, d'être à l'ordre du jour. Le port des armes en public avait été interdit à Athènes et à Rome sous peine de mort. Cicéron cite le trait de Domitius Ænobarbus, prêteur de Sicile, qui fit mettre en croix immédiatement un berger coupable d'avoir délivré le pays d'un sanglier d'une grosseur étonnante en le tuant à l'aide d'un épieu, arme prohibée.

Charlemagne consacrait, en 806, un passage de ses Capitulaires à l'interdiction du port d'armes, " de armis non portandis ". De nombreux édits royaux renouvelèrent cette défense qui fut même étendue par François 1er aux gentilshommes " sous peine d'être saisis et étranglés sur le champ, sans autre forme de procès " (édit de 1546). Cette sévérité draconienne était le signe de désordres graves et manifestait un vif désir d'y porter remède.

Les mœurs judiciaires se sont adoucies, mais, hélas ! les mœurs publiques n'ont pas suivi fidèlement l'exemple du Code et des tribunaux. D'autre part, le progrès a singulièrement perfectionné les instruments de mort. Les amères doléances qui émaillaient les Cahiers des Etats du xvıe siècle et les déclarations royales, de saint Louis à Louis XV, sont redevenues d'actualité. Nos parlementaires se sont évertués, il y a quelques années, comme nous le verrons plus loin, de rajeunir les textes séculaires qui leur semblaient insuffisants pour enrayer les méfaits du « browning ». Ils ont échoué. Bien mieux, ils ont failli, par excès de zèle, émousser, tout en voulant l'effiler, le glaive de Thémis. " Tantæ molis erat... "

Et en effet la question du port d'armes est quasi-impossible à résoudre par des textes. Dans la plupart des lois de répression, l'intérêt moral coïncide avec l'intérêt social, et les sanctions édictées satisfont à la fois notre conscience et notre conception des nécessités d'ordre public. Ici rien de pareil. L'interdiction de porter une arme prohibée est une mesure de précaution générale, qui s'applique également à l'honnête homme et au malfaiteur. Ce serait tomber dans l'arbitraire que de vouloir démêler les intentions du porteur d'armes et discerner, sur de simples éléments de moralité, sa culpabilité éventuelle (1). D'ailleurs le problème doit être examiné de plus haut et ceux qui le traitent doivent s'abstenir de toute considération de personne. On peut le poser comme suit : Est-il plus dangereux pour la collectivité d'autoriser les honnêtes gens à s'armer que de désarmer tout le monde ? Le risque d'une agression isolée prime-t-il, socialement, les risques résultant des possibilités d'accidents ou de méprises engendrées par la circulation en public de milliers de porteurs d'armes cachées ?

C'est faute de se placer sur ce terrain que nos sénateurs, avides de s'en prendre aux seuls apaches, ont failli ramener notre législation à plus de mille ans en arrière, à l'époque bénie où la poudre n'était pas inventée. Félicitons-les de n'avoir pas réussi.

La question du port d'armes, envisagée dans ses rapports avec le Droit pénal, est assez complexe et le mot arme sera pris, au cours de notre étude, parfois dans son sens large, mais le plus souvent dans une acception étroite, que nous déterminerons avec soin.

Nous examinerons d'abord, en les groupant d'après leur nature, les variétés d'infractions dans lesquelles le port d'armes joue un rôle, soit comme élément principal, soit comme élément d'aggravation. Un résumé succinct de la question connexe de l'usage des armes complétera cet exposé juridique. Nous étudierons ensuite les différents projets relatifs à la réglementation de la vente et du port des armes en France. Nous indiquerons enfin quelles mesures d'ordre législatif, judiciaire ou administratif nous paraîtraient les plus efficaces pour combattre les conséquences de l'abus du port d'armes.

---

(1) Il y a lieu de ne pas confondre l'arme par nature, toujours prohibée (couteau-poignard, revolver) avec l'arme occasionnelle (outil d'ouvrier par exemple), qui ne sera qualifiée telle que si l'intention offensive est établie, suivant la distinction que nous faisons plus loin.

CHAPITRE Ier

LE PORT ET L'USAGE DES ARMES CONSIDÉRÉS COMME ÉLÉMENTS D'INFRACTIONS

Le port d'armes peut être envisagé sous trois aspects : comme délit spécial, comme élément constitutif, comme circonstance aggravante de crimes ou de délits.

§ Ier

LE PORT D'ARMES DÉLIT SPÉCIAL

En principe, il n'est pas interdit de porter une arme. Ce droit général n'est reconnu par aucune disposition législative, mais il est implicitement reconnu par le Code Pénal puisque la déchéance du droit de port d'armes est édictée dans certains cas prévus par la loi. D'ailleurs le Conseil d'Etat, par un avis du 17 mai 1811, a déclaré « qu'il n'était pas nécessaire de se pourvoir de permis pour exercer la faculté de porter en voyage des armes pour sa défense personnelle » (1). Le principe subit toutefois trois restrictions capitales :

1° Le port d'armes, de toutes armes, est interdit aux individus qui sont condamnés à la dégradation civique (art. 34 du C. P.) et à ceux qui encourent, devant les tribunaux correctionnels, comme peine complémentaire, l'interdiction de l'exercice des droits civiques, civils et de famille énumérés à l'article 42 du C. P. ;

2° Le port d'armes, de toute espèce d'armes, est interdit dans certains lieux : dans les églises, dans les foires, marchés et autres lieux de rassemblement (Décret des 2-3 juin 1790,

---

(1) L'idée du permis de port d'armes, reprise dans de récents projets, avait été émise dans un rapport du ministre de la police et c'est sur cette proposition que le Conseil d'Etat avait été appelé à statuer.

art. 5 § 2), dans les assemblées électorales (Décret organique
du 2 février 1852, art. 37) (1), dans les voitures de chemins de
fer (Décret du 1er mars 1901, art. 60) (2).

3° Le port de certaines armes est interdit. Cette interdiction
est formulée et sanctionnée par l'article 314 du C. P. modifié
par la loi du 24 mai 1834.

L'article 314 punit d'une amende de seize francs à deux
cent francs tout individu qui sera porteur de stylets, trom-
blons ou de quelque espèce que ce soit d'armes prohibées par
la loi ou par des règlements d'administration publique.

La loi du 24 mai 1834 (art. 1er § 2) aggrave les pénalités de
l'article 314 et prévoit, en plus de l'amende, un emprisonnement de six jours à six mois contre le porteur d'armes
prohibées.

Quelles sont ces armes prohibées ?

Le Code Pénal ne contient qu'une définition des armes
(art. 101) ainsi conçue :

Sont compris dans le mot armes, toutes machines, tous instruments ou ustensiles tranchants, perçants ou contondants.

Les couteaux et ciseaux de poche, les cannes simples ne seront
réputés armes qu'autant qu'il en aura été fait usage pour tuer, blesser
ou frapper.

Cette définition, d'ailleurs très vague, englobe toutes les
armes en général ; elle est donc trop compréhensive pour être
appliquée au délit de port d'armes prohibées. En outre, ce
délit figure au titre deuxième du livre III du Code Pénal
(crimes et délits contre les personnes) alors que la définition
dont il s'agit se place au titre premier (crimes et délits contre
la chose publique) ; elle vient à la suite d'une série d'articles
concernant les bandes armées organisées en vue d'attentats

---

(1) Le Décret prévoit une amende pour les armes apparentes et l'emprisonnement pour les armes cachées.

(2) Le Décret précise qu'il s'agit d'armes chargées. Il ajoute que tout individu
porteur d'une arme à feu doit, avant son admission sur les quais d'embarquement,
faire constater que son arme n'est pas chargée. C'est une précaution prise à
l'égard des chasseurs. Cette disposition ne s'applique pas aux gendarmes
voyageant avec leurs mousquetons chargés (Instructions ministérielles du
15 septembre 1860).

politiques ou de la guerre civile et n'a d'autre objet que de préciser dans quel sens il faut entendre le terme « bandes armées ».

Il faut remonter à près de deux siècles en arrière pour trouver, dans la déclaration royale du 23 mars 1728, une définition des armes prohibées. Ce sont les « poignards, couteaux en forme de poignard, soit de poche, soit de fusil, les baïonnettes, pistolets de poche, épées en bâtons, bâtons à ferrements, autres que ceux qui sont ferrés par le bout, et autres armes offensives, cachées ou secrètes ».

Cette définition a été remise en vigueur par le décret du 12 mars 1806 qui ajoute à la nomenclature les « fusils et pistolets à vent » désignés peu de temps auparavant dans le décret du 2 nivôse an XIV.

Il y a lieu de préciser ce qu'il faut entendre par armes offensives et secrètes. Et d'abord, comment peut-on distinguer une arme offensive d'une arme défensive ? Les mêmes armes peuvent être tour à tour employées pour l'attaque et pour la défense. Une seule distinction peut être faite : S'il s'agit d'armes par nature, la prohibition est absolue et la preuve de l'intention agressive n'est pas à faire. S'il s'agit d'objets n'ayant qu'occasionnellement le caractère d'armes, l'élément d'appréciation cesse nécessairement dans certains cas d'être objectif pour devenir subjectif ; la culpabilité se motive « ratione personæ et non ratione materiæ » (1). Prenons un exemple : un ouvrier cordonnier se rendant le matin à son travail sera trouvé porteur d'un tranchet ou d'un marteau placé dans une de ses poches ; il ne pourra être poursuivi pour port d'arme prohibée. Si un garçon de café est trouvé porteur des mêmes outils à minuit sur une place publique, l'intention violente peut se présumer ; tout au moins la justification tirée des nécessités professionnelles n'est plus de mise et la protection de l'ordre public réclame des poursuites. Le tranchet ou

---

(1) Tel était déjà le principe posé par Gaius dans sa définition de l'arme ; à ses yeux un objet capable de tuer ou de blesser pouvait devenir une arme si l'on en faisait usage pour attenter à la sécurité d'autrui : « Teli appellatione et ferrum et fustis et lapis, denique omne quod nocendi causa habetur, significatur. »

le marteau, outils par nature, deviennent ainsi armes offensives par destination (1).

Qu'est-ce qu'une arme secrète ? Une arme secrète est celle qui se dissimule facilement, soit en raison de ses dimensions, soit en raison d'un artifice de fabrication qui en masque le caractère véritable, comme la canne-épée (épée en bâton). Mais au-dessous de quelle taille une arme devient-elle secrète ? Sur ce point l'interprétation judiciaire, à défaut de précision légale, est assez élastique et il y a eu certaines fluctuations dans la jurisprudence, notamment en ce qui concerne le pistolet de poche, ancêtre du revolver actuel.

Le pistolet de poche, l'arme secrète la plus dangereuse et la plus usuelle, figure au nombre des armes prohibées énumérées dans la déclaration royale du 23 mars 1728 et dans le décret du 12 mars 1906. Mais un décret du 14 décembre 1810, sans autoriser précisément le port de ce pistolet, réglementa la charge de cette arme et la Cour d'Orléans, s'appuyant sur ce dernier décret, déclara licite, dans un arrêt de 1836, le port du pistolet de poche. Cette tendance à combiner et à solliciter les textes parut, à juste titre, dangereuse aux gouvernants et la prohibition du pistolet de poche fut explicitement renouvelée par la déclaration royale du 23 février 1837.

En ce qui concerne les dimensions du revolver, une circulaire ministérielle du 29 juin 1858 avait décidé que seuls les porteurs de revolver de moins de o m. 150 seraient poursuivis. Cette circulaire a eu une influence néfaste. Un malfaiteur pouvait circuler librement muni d'un revolver de o m. 160 de longueur. Ni ses antécédents, ni les plus fortes présomptions de malfaisance ne permettaient de le poursuivre. La circulaire constituait en quelque sorte un permis de port d'armes accordé à tous et dont profitaient presque exclusivement les plus dangereux ennemis de la société. Que de fois a-t-on vu dans les commissariats de police relaxer des individus suspects contre lesquels aurait pu être relevé le délit

---

(1) Quid de la fiole de vitriol saisie sur une personne manifestement animée d'intentions criminelles ? Elle doit être évidemment considérée comme arme offensive et secrète.

de port d'armes prohibées, mais qui se trouvaient à l'abri de la répression, le revolver saisi sur eux dépassant de quelques millimètres la longueur prévue ! Parfois l'arme était confisquée par le commissaire de police, mais il s'agissait là d'une mesure arbitraire de police préventive. La recrudescence des rixes et agressions dans lesquelles le revolver jouait un rôle sanglant finit par émouvoir les pouvoirs publics. L'éminent juriste, M. Le Poittevin, reconnut lui-même que la réglementation qu'il avait d'abord approuvée était abusive et rendait la répression illusoire. Une circulaire du Parquet du 7 octobre 1910 déclara que la décision de 1858 n'avait aucune force légale et que l'attribution de la qualité de secrète devait être laissée à l'appréciation des Tribunaux.

Le couteau-poignard est, avec le revolver, l'arme prohibée la plus courante. Aucune définition précise n'est donnée par la loi du couteau prohibé ; toutefois celui-ci semble, d'après la jurisprudence, devoir réunir les deux caractéristiques suivantes : lame effilée et cran d'arrêt avec ou sans virole. Un arrêt de la Cour de Paris du 27 octobre 1831 a défini comme suit les couteaux prohibés : « Les couteaux qui ont, d'un côté, un tranchant, de l'autre un dos interrompu à la moitié ou à un endroit quelconque et terminé en tranchant ou bien dont la lame est séparée dans sa longueur par l'arête qu'on trouve sur la plupart des lames de poignards et se termine ainsi en pointe, peuvent et doivent être réputés couteaux-poignards, parce qu'ils en affectent la forme et peuvent en remplir l'office. » Bien qu'en matière pénale le droit soit d'application stricte et rigoureuse, la question d'espèce entre parfois en cause pour écarter ou retenir l'inculpation de port d'arme prohibée. Le port d'un couteau de poche pour l'usage alimentaire est presque général dans le peuple ; en outre, certains métiers requièrent l'emploi d'un couteau solide. Il y a donc une variété infinie de cas et il y a lieu d'être tantôt large et tantôt sévère dans la qualification de l'objet saisi. La Cour de Cassation (5 juillet 1851) a déclaré d'ailleurs que les juges du fait étaient investis du pouvoir d'appréciation en ce qui touche la forme des couteaux.

§ II

LE PORT D'ARMES ÉLÉMENT CONSTITUTIF DE CRIMES OU DE DÉLITS

Le port d'armes ainsi envisagé n'est puni que s'il se trouve accompagné de certaines circonstances formellement prévues par un texte. En outre, la prohibition ne vise pas seulement une certaine catégorie d'armes, mais toutes les armes telles qu'elles sont définies à l'art. 101 cité plus haut. Enfin les infractions qui appartiennent à cette catégorie sont des crimes ou des délits contre la Sûreté de l'État ; ce sont des attentats à caractère politique et non plus, comme le délit de port d'armes prohibées, des infractions de droit commun (1).

Ces attentats sont prévus par les art. 96 à 100 du Code Pénal. (2)

Le premier alinéa de l'art. 96 est ainsi conçu :

Quiconque, soit pour envahir des domaines, propriétés ou deniers publics. places, villes, forteresses, postes, magasins, arsenaux, ports, vaisseaux ou bâtiments appartenant à l'État, soit pour piller ou partager des propriétés publiques ou nationales, ou celles d'une généralité de citoyens, soit enfin pour faire attaque ou résistance envers la force publique agissant contre les auteurs de ces crimes, se sera mis à la tête de bandes armées, ou y aura exercé une fonction ou commandement quelconque, sera puni de mort.

Trois éléments sont donc indispensables pour caractériser cette infraction :

1° La formation d'une bande ;

2° La possession d'armes par les membres de cette bande ;

3° Le but (invasion, pillage ou rébellion) poursuivi par les insurgés.

---

(1) On sait quelles différences existent entre les délits politiques et les délits de droit commun. Cf. les manuels de Droit criminel Garraud, Degois, Foignet, etc ..

(2) Nous citerons, pour être complet, l'art. 75 du Code Pénal : « tout Français qui aura porté les armes contre la France sera puni de mort. » Il s'agit là d'une des formes du crime de trahison en temps de guerre et l'expression « porter les armes » doit s'entendre, dans un sens figuré, de tout sujet français incorporé, à quelque titre que ce soit, dans les armées ennemies.

Il importe de préciser le sens juridique du mot bande. Il désigne une troupe organisée dans un but de dévastation et de pillage. La bande diffère de l'attroupement (loi du 7 juin 1848) en ce qu'elle comporte une organisation préalable et un objet d'action défini.

L'attroupement n'est qu'un rassemblement accidentel de personnes sur la voie publique, rassemblement de nature à faire craindre des désordres. L'art. 213 du Code Pénal emploie d'ailleurs les deux mots pour indiquer deux formes distinctes de rébellion. « En cas de rébellion avec bande ou attroupement...» La bande diffère de l'association de malfaiteurs en ce qu'elle a une origine et un but politiques, alors que l'association de malfaiteurs a pour objectif des attentats de droit commun.

Que faut-il entendre par bandes armées ? Est-il nécessaire pour qu'une bande soit regardée comme armée, que tous les membres qui la composent soient porteurs d'armes ? Il semble qu'il faille adopter la définition donnée par l'art. 214 au chapitre de la rébellion :

Toute réunion d'individus pour un crime ou un délit est réputée réunion armée, lorsque plus de deux personnes portent des armes ostensibles.

Les individus sans armes qui font partie d'une bande réputée armée sont donc passibles des peines prévues aux art. 96, 97 et 98 du Code Pénal, dans les mêmes conditions que les individus porteurs d'armes ostensibles ou d'armes secrètes. La présence de trois porteurs d'armes ostensibles n'est indispensable que pour motiver la qualification légale de « bande armée ».

L'art. 100 précise d'ailleurs que les individus trouvés sans armes bénéficieront de l'excuse absolutoire dans un cas exceptionnel :

Il ne sera prononcé aucune peine, pour le fait de sédition, contre ceux qui, ayant fait partie de ces bandes sans y exercer aucun commandement et sans y remplir aucun emploi ni fonctions, se seront retirés au premier avertissement des autorités civiles ou militaires, ou même depuis, lorsqu'ils n'auront été saisis que hors des lieux de la réunion séditieuse, sans opposer de résistance et sans armes.

Il ne suffit donc pas, pour un individu ayant fait partie d'une bande armée, d'être trouvé sans armes pour être excusé légalement. Il n'est tenu compte de cette circonstance que si elle se trouve réunie à certaines autres dont le concours permet de considérer l'insurgé isolé comme ayant succombé à l'entraînement; le législateur a voulu, dans un but utilitaire, ouvrir à l'hésitant une porte de salut et l'encourager à la défection.

§ III

LE PORT D'ARMES, CIRCONSTANCE AGGRAVANTE
DE CRIMES OU DE DÉLITS

Lorsqu'un individu est arrêté après avoir commis un crime ou un délit, s'il est trouvé porteur d'une arme, il y a lieu de présumer à sa charge, d'une part la préméditation, d'autre part l'intention de porter une atteinte particulièrement grave à l'ordre social. Aussi le port d'armes constitue-t-il une cause d'aggravation légale de certains crimes ou délits.

Cette aggravation est prévue par le Code Pénal pour trois variétés d'infraction : la rébellion, le vagabondage et la mendicité, le vol. Le mot armes est pris, pour chacune de ces trois catégories de méfaits, dans son acception la plus large et ne vise pas seulement les armes secrètes.

1° La rébellion est définie par l'art. 209 du Code Pénal ; elle est caractérisée par des actes de violences tendant à empêcher un officier ministériel, fonctionnaire ou agent d'exécution, d'accomplir une mission déterminée par des lois, ordres, ordonnances, mandats de justice ou jugements. La rébellion est une infraction par elle-même, mais elle comporte deux circonstances aggravantes légales, qui tantôt sont isolées et tantôt se superposent l'une à l'autre : la pluralité d'auteurs, le port d'armes. Le mécanisme pénal de ces deux circonstances aggravantes est exposé dans les art. 210, 211 et 212 du Code Pénal ainsi conçus :

Art. 210. — Si la rébellion a été commise par plus de vingt personnes armées, les coupables seront punis des travaux forcés à temps ; et, s'il n'y a pas eu port d'armes, ils seront punis de la réclusion.

Art. 211. — Si la rébellion a été commise par une réunion armée de trois personnes ou plus, jusqu'à vingt inclusivement, la peine sera la réclusion ; s'il n'y a pas eu port d'armes, la peine sera un emprisonnement de six mois au moins et de deux ans au plus.

Art. 212. — Si la rébellion n'a été commise que par une ou deux personnes, avec armes, elle sera punie d'un emprisonnement de six mois à deux ans et, si elle a eu lieu sans armes, d'un emprisonnement de six jours à six mois.

L'article 214, dont nous avons parlé au paragraphe précédent, qualifie réunion armée toute réunion d'individus pour un crime ou délit lorsque plus de deux personnes portent des armes ostensibles. Une réunion de trois individus, dont deux sont porteurs d'armes apparentes, ne constitue donc pas une réunion armée, et la peine est la même dans ce cas que dans celui où aucun des individus n'est armé. Si le troisième individu est porteur d'une arme cachée, cette circonstance même ne permet pas de considérer la réunion comme armée. Toutefois, cet individu (art. 215) sera individuellement puni comme s'il avait fait partie d'une troupe ou réunion armée. Il y a là une certaine anomalie, puisque sur trois rebelles, l'un porteur d'une arme cachée, les deux autres nantis d'armes ostensibles, le premier sera puni de réclusion, les deux autres de six mois, à deux ans de prison. Mais il était nécessaire de prendre un point de départ pour fixer la définition de la réunion armée, et il a paru logique d'appliquer à la fois l'aggravation de la pluralité d'auteurs et l'aggravation du port d'armes ostensibles à partir du nombre trois. De plus, l'aggravation du port d'armes prohibées a paru à juste titre devoir être individuelle et ne pouvoir être retenue contre des individus qui pouvaient ignorer cette circonstance. Il appartient d'ailleurs aux tribunaux d'assouplir la rigidité du Code Pénal en diversifiant selon leur conscience les peines qu'ils sont appelés à prononcer.

2° Nous groupons dans notre étude du port d'armes circonstance aggravante le vagabondage et la mendicité, quoique le vagabondage soit en lui-même un délit (art. 269), alors que la mendicité n'est délictueuse que dans les lieux où il existe un établissement organisé afin d'obvier à la mendicité (art. 274).

Nous ne tiendrons toutefois pas compte de cette distinction qui nous entraînerait à des considérations aussi oiseuses que subtiles, lesquelles nuiraient à la clarté de notre étude. Vagabonds et mendiants appartiennent à la même catégorie d'individus à l'égard desquels l'État a sans doute à remplir des devoirs éventuels de pitié et d'assistance, mais aussi que leur situation, en marge des cadres sociaux, autorise à tenir en suspicion. Leur déchéance peut n'être qu'une touchante infortune, mais elle est le plus souvent le fruit de la paresse et de l'inconduite. Les mendiants et les vagabonds ont donc inspiré aux législateurs des craintes légitimes et le Code Pénal leur refuse le droit de porter une arme quelconque, ostensible ou secrète.

Art. 277. — Tout mendiant ou vagabond qui aura été saisi travesti d'une manière quelconque, ou porteur d'armes, bien qu'il n'en ait ni usé ni menacé, ou muni de limes, crochets ou autres instruments propres, soit à commettre des vols ou d'autres délits, soit à lui procurer les moyens de pénétrer dans les maisons, sera puni de deux à cinq ans d'emprisonnement.

On voit que le port d'une lime ou d'un crochet qui constituerait, pour toute autre personne même avouant une intention de vol, un acte préparatoire non punissable, devient pour le mendiant et le vagabond, en raison de la présomption légale de malfaisance existant à leur encontre, une circonstance aggravante du délit « sui generis » qui résulte de leur genre d'existence.

L'art. 279 prévoit la peine de la réclusion pour tout mendiant ou vagabond qui a exercé ou tenté d'exercer des violences, s'il se trouve en outre dans l'une des circonstances exprimées par l'art. 277.

Il y a lieu de remarquer que ce cas est le seul où le port d'une arme soit considéré comme circonstance aggravante légale du délit de violences. L'usage même d'une arme, comme nous le verrons au § suivant, n'est même pas prévu comme aggravation des art. 309 et suivants concernant les blessures, coups, violences ou voies de fait. De plus, l'art. 605 du Code du 3 brumaire an IV, qui prévoit de simples peines de police contre les auteurs de voies de fait et violences légères, n'est jamais

applicable aux vagabonds et mendiants qui seront punis pour
« quelque acte de violence que ce soit envers les personnes »
d'un emprisonnement de deux à cinq ans, c'est-à-dire de la
pénalité prévue par le § 1 de l'art. 309 (violences ayant entraîné
une maladie ou une incapacité de travail personnel de plus de
vingt jours). Le législateur a voulu à bon droit intimider, par
la perspective de peines particulièrement rigoureuses, les
individus réfractaires à toutes considérations de moralité ou de
dignité et à qui leur vie instable permet d'échapper plus facilement que les autres aux conséquences de leurs méfaits.

3° Le port d'armes (apparentes ou cachées) est regardé comme
circonstance aggravante du vol. Il constitue l'une des cinq
circonstances dont la réunion entraîne pour les auteurs d'un vol
la peine des travaux forcés à perpétuité (art. 381). Il constitue
l'une des quatre circonstances qui entraînent pour les auteurs
d'un vol la peine des travaux forcés à temps (art. 385). Enfin
il constitue une circonstance aggravante qui, prise isolément,
entraîne de droit pour l'auteur d'un vol la peine de la réclusion (art. 386).

Si l'on examine attentivement les articles relatifs au vol
qualifié crime (381 à 386 du Code Pénal) on s'aperçoit que les
circonstances aggravantes sont de deux sortes. Les unes sont
aggravantes par elles-mêmes (vols à l'aide de violence, vols à
l'aide d'effraction ou avec usurpation de qualité, vols sur
chemins publics, vols avec port d'armes) ; les autres ne sont
aggravantes que si chacune d'elles est jointe à une autre circonstance (vols commis la nuit, vols commis dans une maison
habitée, vols commis en réunion). On remarquera que le port
d'armes fait partie de la première catégorie et que le vol
commis de jour, par une seule personne, sans effraction ni
violence, dans un lieu non habité, entraîne la peine de la
réclusion si le coupable est porteur d'armes apparentes ou
cachées. Le législateur a vu dans le port d'armes chez un
individu qui attente à la propriété d'autrui une menace grave
pour la sécurité des personnes qui interviendraient pour
empêcher le vol et il a voulu sanctionner cette menace par
une disposition pénale. La protection de la personne appelle
des mesures d'autant plus énergiques que la précaution de

s'armer pour commettre un vol avère chez son auteur les intentions les plus malfaisantes. L'art. 329 du Code Pénal, qui comprend dans les cas de légitime défense l'homicide commis ou les coups portés aux auteurs de vols exécutés avec violences, peut être considéré comme le corollaire des aggravations pénales édictées contre les auteurs de vols commis à l'aide de violences ou avec port d'armes.

Indépendamment de ces trois catégories d'infractions de droit commun, le port d'armes constitue une aggravation de certains crimes ou délits politiques :

1° Le Décret organique du 2 février 1852 sur l'élection des députés au Corps législatif prévoit la peine de la réclusion contre les individus qui font irruption avec violence dans un collège électoral en vue d'empêcher un choix, si ces individus sont porteurs d'armes apparentes ou cachées (art. 42 et 43).

2° La Loi du 24 mai 1834 sur les détenteurs d'armes ou de munitions de guerre (art. 5) punit de la détention les insurgés porteurs d'armes apparentes ou cachées et de la déportation les insurgés armés qui sont en outre revêtus d'un uniforme, d'un costume ou d'autres insignes civils ou militaires.

3° La Loi du 7 juin 1848 sur les attroupements distingue l'attroupement armé de l'attroupement non armé, celui-ci n'étant interdit que s'il est de nature à troubler la tranquillité publique. L'attroupement non armé sera dissipé par la force, en cas de résistance, après trois sommations infructueuses ; l'attroupement armé pourra être dissipé par la force après la deuxième sommation. Les pénalités sont prévues pour l'attroupement armé à partir de la première sommation, pour l'attroupement non armé à partir de la deuxième.

La définition de l'attroupement armé diffère de la définition de la réunion armée d'individus pour un crime ou pour un délit (art. 214). L'article 2 de la Loi la formule comme suit : L'attroupement est armé : 1° quand plusieurs des individus qui le composent sont porteurs d'armes apparentes ou cachées ; 2° lorsqu'un seul de ces individus, porteur d'armes apparentes, n'est pas immédiatement expulsé de l'attroupement par ceux-là mêmes qui en font partie. Le mot « plusieurs » semble désigner un nombre supérieur à deux, minimum requis par l'art. 214 ; mais il n'est plus nécessaire que les armes soient ostensibles.

L'art. 4 de la Loi prévoit un jeu de pénalités dont la sévérité va croissant suivant la gravité des circonstances qui sont de deux sortes : circonstance de temps (jour ou nuit) ; résistance plus ou moins caractérisée (après première sommation, après deuxième sommation, avant l'emploi de la force, devant la force ou après usage des armes). Voici la gradation de ces pénalités :

Si l'attroupement s'est dissipé après la première sommation et sans avoir fait usage de ses armes, la peine sera d'un mois à un an d'emprisonnement.

Si l'attroupement est formé pendant la nuit, la peine sera d'un an à trois ans d'emprisonnement. Néanmoins, il ne sera prononcé aucune peine pour fait d'attroupement contre ceux qui, en ayant fait partie, sans être personnellement armés, se seront retirés sur la première sommation de l'autorité.

Si l'attroupement ne s'est dissipé qu'après la deuxième sommation, mais avant l'emploi de la force et sans qu'il ait fait usage de ses armes, la peine sera de un à trois ans, et de deux à cinq ans, si l'attroupement s'est formé pendant la nuit.

Si l'attroupement ne s'est dissipé que devant la force ou après avoir fait usage de ses armes, la peine sera de cinq à dix ans de détention pour le premier cas, et de cinq à dix ans de réclusion pour le second cas. Si l'attroupement s'est formé pendant la nuit, la peine sera la réclusion.

On relève au paragraphe suivant du même article un cas original d'excuse atténuante :

L'aggravation de peine résultant des circonstances prévues par la disposition du paragraphe 3 qui précède ne sera applicable aux individus non armés faisant partie d'un attroupement réputé armé dans le cas d'armes cachées, que lorsqu'ils auront eu connaissance de la présence dans l'attroupement de plusieurs personnes portant des armes cachées, sauf l'application des peines portées par les autres paragraphes du présent article.

Cette atténuation ne s'applique qu'aux pénalités criminelles (détention et réclusion). S'il s'agit de pénalités correctionnelles, la circonstance sur laquelle elle s'appuie devient indifférente. (1)

§ **IV**

L'USAGE DES ARMES

Le Code Pénal est muet sur la circonstance « usage des armes » en matière d'infraction de droit commun. Seul l'art. 381 mentionne la « menace de faire usage de leurs armes » comme une des cinq circonstances aggravantes dont la réunion entraîne à l'égard des auteurs de vols la peine des travaux forcés à perpétuité.

Cette circonstance (art. 383) entraîne encore la même peine à l'égard des auteurs de vols, si elle se trouve jointe à l'une des quatre circonstances de l'art. 381 et s'il s'agit de vols commis sur les chemins publics.

En revanche, le vol commis avec violences (art. 382) n'est pas aggravé par l'usage des armes, mais par les traces qu'ont pu laisser les violences ; l'aggravation est tirée ici de l'effet obtenu, non du moyen employé.

L'usage d'armes n'est qu'une circonstance occasionnelle du crime de vol, mais il est un élément important des attentats contre les particuliers désignés dans les art. 309 et suivants sous la rubrique : « Blessures et coups volontaires non qualifiés meurtres et autres crimes ou délits volontaires. » Aussi constate-t-on avec surprise qu'en matière de coups et blessures l'usage d'armes ne constitue pas une cause légale d'aggravation si cet acte ne va pas jusqu'à modifier la nature de l'infraction et à transformer, en raison de l'intention homicide et de la puissance nocive de l'arme employée, l'inculpation de coups et blessures volontaires en inculpation de tentative de meurtre ! Cette lacune de notre Code Pénal n'existe pas dans la plupart des législations étrangères. Elle n'a pas échappé à nos dirigeants

---

(1) A rapprocher de l'ancien art. 63 du C. P. § 2 qui n'appliquait la peine de travaux forcés à perpétuité ou de la déportation contre les receleurs qu'autant qu'ils étaient convaincus d'avoir eu, au temps du recel, connaissance des circonstances auxquelles la loi attache les peines de mort, des travaux forcés à perpétuité ou de la déportation.

et M. Briand, alors garde des sceaux, a rappelé aux magistrats, dans une Circulaire du 20 août 1912, que l'usage d'une arme devait être retenu par les tribunaux dans l'application de la peine prononcée pour des délits de voies de fait sur les personnes ; il a invité les Procureurs Généraux à faire assurer l'application régulière des sanctions en cette matière et les a priés de lui fournir, chaque trimestre, un relevé des poursuites engagées et des condamnations prononcées pour port d'armes prohibées, ainsi que pour violences commises avec usage de ces armes.

Mais il s'agit là d'instructions données aux magistrats du Parquet et non d'un texte de loi qui s'impose aux décisions des tribunaux.

Disons toutefois qu'il n'y a pas, à proprement parler, pour les théoriciens du Droit une lacune de notre Code Pénal, mais un système de répression basé, comme nous l'avons vu tout à l'heure à l'occasion des vols commis à l'aide de violences, sur l'importance du préjudice subi, abstraction faite de la nature des moyens mis en œuvre (voir art. 309 et suivants).

L'usage d'armes constitue une circonstance aggravante de deux catégories d'infractions prévues aux Lois spéciales des 24 mai 1834 et 7 juin 1848 mentionnées au chapitre précédent.

L'art. 5 de la Loi du 24 mai 1834 (3e alinéa) punit de mort les individus qui, dans un mouvement insurrectionnel, auront fait usage de leurs armes.

L'art. 4 de la Loi du 7 juin 1848 (5e alinéa) punit de 5 à 10 ans de réclusion l'attroupement armé qui ne s'est dissipé qu'après avoir fait usage de ses armes.

La peine prévue contre les bandes d'insurgés en armes est, on le voit, beaucoup plus grave que celle qui réprime les attroupements en armes. Un mouvement insurrectionnel comporte toujours la préméditation et compromet l'existence même du régime. L'attroupement est, au contraire, comme nous l'avons défini au chapitre 1er § 2, un rassemblement accidentel, sans but défini, n'ayant qu'un caractère démonstratif, dangereux seulement par l'atteinte momentanée qu'il porte à la tranquillité publique.

CHAPITRE II

PROJET DE RÉGLEMENTATION DE LA VENTE ET DU PORT D'ARMES

Pendant près de quatre-vingts ans, l'article 314, modifié par la loi du 24 mai 1834, parut constituer une mesure de préservation suffisante contre le danger du port des armes prohibées. Les Tribunaux jugèrent même le plus souvent que la peine d'emprisonnement était trop sévère pour un délit qui, à l'encontre des autres délits, se caractérisait uniquement par une situation de fait, indépendante de toute intention de nuire et de tout préjudice causé à autrui. On en vint rapidement à considérer cette infraction comme une simple contravention, dont elle avait l'apparence juridique, et le tarif de 16 francs d'amende fut, pendant de longues années, la sanction quasi-uniforme du délit de port d'armes prohibées. Il y eut bien, de temps à autre, quelque réaction, des poussées de sévérité, des périodes d'application normale de la loi ; mais il fallut une véritable recrudescence d'attentats au revolver pour émouvoir l'opinion publique et susciter l'idée d'instituer contre le port et l'usage des armes de nouveaux moyens de répression.

La loi du 14 août 1885 sur la fabrication et le commerce des armes vulgarisa l'emploi des armes de poche comme moyens éventuels de défense et fut la cause principale de l'augmentation du nombre des rixes à main armée. La loi du 24 mai 1834 (art. 1ᵉʳ, 1ᵉʳ alinéa) interdisait de fabriquer, débiter ou distribuer des armes prohibées par la loi et par des règlements d'administration publique sous peine d'un emprisonnement d'un mois à un an, et d'une amende de 16 francs à 200 francs. La loi du 14 août 1885 (titre 1ᵉʳ, art. 1ᵉʳ) déclara entièrement libres la fabrication et le commerce des armes de toutes espèces non réglementaires en France et des munitions non chargées employées pour ces armes. Cette loi avait pour objet de favoriser notre industrie nationale, notamment en vue de l'exportation ; mais elle eut aussi pour résultat de faciliter à tout venant l'achat des armes prohibées et de créer cet état de choses un peu anormal : Tout individu peut acheter chez n'importe quel marchand des armes de poche ; mais ces armes de poche, très en vogue parce que peu encombrantes et faciles à dissimuler, sont précisément celles dont il lui est interdit de se munir pour circuler en public.

Le libéralisme excessif de la loi de 1885 ne tarda pas à se faire sentir et le nombre des individus poursuivis pour port d'armes par les Tribunaux subit, depuis cette époque, une progression inquiétante. Alors que le nombre des prévenus était de 369 en 1877, d'après la statistique établie chaque année au Ministère de la Justice, il s'éleva à 710 en 1887, à 1.375 en 1904, puis à 3.199 en 1907. Il y a lieu de reconnaître, à la décharge des juges, que ceux-ci cessèrent peu à peu d'appliquer mécaniquement la peine d'amende aux prévenus. En 1907, 1.698 condamnations à la prison ont été prononcées contre 1.426 à l'amende.

En dépit de cette sévérité tardive, la vente du revolver se généralisa. L'invention des revolvers automatiques, véritables joujoux meurtriers, terribles par la souplesse de la détente et par la force de pénétration des projectiles, accrut encore le danger. L'année 1910 fut fertile en scènes de carnage : « Pen-
« dant les trente et un jours de juillet dernier, lit-on dans les
« journaux de l'époque, on compte, rien que pour Paris et la
« banlieue, cinquante-six drames du revolver. Dix d'entre eux
« firent des morts. En août, même abondance de biens pour
« les amateurs d'émotions fortes. Querelles d'amants, scènes
« de famille, discussions entre grévistes et « renards », ren-
« contres d'apaches soit entre eux, soit avec les agents, tout
« est prétexte à l'intervention du « citoyen Browning ». Ce
« ne sont aux quatre coins de Paris et dans les vertes ban-
« lieues, sans compter la province, que fusillades et tue-
« ries » (1).

____

(1) *Radical* du 3 septembre 1910.

Cet abus des armes à feu marquait, suivant une énergique expression, un véritable retour à la vie sauvage et les pouvoirs s'émurent, avec l'opinion publique, de la recrudescence des attentats. M. Barthou, garde des sceaux, reconnut dans une interview que la législation du port d'armes était insuffisante, qu'il y avait lieu d'aggraver les pénalités existantes et même d'instituer des incriminations nouvelles (1). Le Ministre ajoutait que des dispositions législatives étaient à la veille d'être arrêtées et soumises à la Chambre, dispositions qui permettraient de défendre efficacement la sécurité publique.

En effet, une proposition de loi fut déposée quelque temps après par M. Ch. de Boury, député de l'Eure, et publiée dans le *Journal* du 2 novembre 1910. Voici le texte de cette proposition, qui créait l'autorisation de port d'armes prohibées et réglementait la fabrication et le commerce des armes de cette nature :

Article premier. — Sont considérées comme armes prohibées les armes offensives, cachées et secrètes, quelle qu'en soit la nature.

Art. 2. — Tout individu qui sera trouvé porteur, sans autorisation régulière, d'une arme prohibée, sera puni d'un emprisonnement d'un mois à un an et d'une amende de 50 à 300 francs.

L'arme sera confisquée et détruite.

Les tribunaux pourront en outre prononcer contre le délinquant l'interdiction de séjour depuis deux ans jusqu'à dix ans.

Art. 3. — Des autorisations de porter des armes prohibées pourront être délivrées à Paris et dans le ressort de la préfecture de police par le préfet de police, dans les départements par le maire de la commune, à toute personne qui en fera la demande motivée.

Ces autorisations seront permanentes ou temporaires et spécifieront l'arme dont le port sera autorisé. Elles pourront toujours être révoquées.

Les refus et les révocations de permis de port d'armes seront notifiés aux intéressés dans la forme administrative dans le délai d'un mois de la date du dépôt de la demande. Appel de cette décision pourra être interjeté, dans les cinq jours de la notification, devant le juge de paix qui sera saisi et qui statuera comme en matière d'inscription sur les listes électorales, mais sur la seule intervention de la partie intéressée.

---

(1) *Matin* du 10 septembre 1910.

Art. 4. — Toute personne qui voudra se livrer à la fabrication et au commerce des armes prohibées ainsi qu'à la fabrication et à la vente des munitions nécessaires à ces armes devra adresser, à Paris et dans le ressort de la préfecture de police, au préfet de police, dans les départements au maire de la commune dans laquelle elle se proposera de créer un établissement, une déclaration dont il lui sera délivré récépissé.

Art. 5. — Tout commerçant ou fabricant qui a fait cette déclaration est tenu d'avoir un registre coté et paraphé à chaque page par le commissaire de police ou à son défaut par le maire, et sur lequel il est tenu d'inscrire jour par jour et sans blancs ni ratures les noms, prénoms, surnoms, qualités et demeures de ceux auxquels il vend des armes prohibées ou des munitions, l'espèce et la quantité des armes et des munitions vendues. Il doit présenter ce registre à toute réquisition du commissaire de police ou du maire.

Art. 6. — Il est interdit aux fabricants et marchands de vendre des armes prohibées ainsi que des munitions nécessaires pour ces armes :

1° A des mineurs ;

2° A des personnes non munies d'une autorisation de port d'armes;

3° A des personnes dont les noms et demeures ne leur seraient pas connus, à moins que l'identité n'en soit certifiée par deux témoins connus qui devront signer au registre prescrit par l'article précédent.

Art. 7. — Toute infraction aux prescriptions des articles 4 et 5 de la présente loi sera punie d'une amende de 16 à 100 francs et, en cas de récidive, d'une amende de 50 à 200 francs et d'un emprisonnement de six jours à un mois ou de l'une de ces deux peines seulement.

Les armes et munitions mises en vente sans déclaration préalable du fabricant et du marchand seront confisquées.

Art. 8. — Toute infraction aux prescriptions de l'article 6 sera punie d'une amende de 16 à 200 francs et pourra l'être d'un emprisonnement de six jours à trois mois.

En cas de récidive, ces peines pourront être portées au double.

Art. 9. — L'article 463 du Code Pénal est applicable aux faits prévus par la présente loi.

M. de Boury, tout en aggravant la pénalité du port d'armes prohibées, se montrait, comme on le voit, partisan de l'autorisation régulière de port d'armes dans la forme prévue à l'article 3 de son projet.

Ce projet, ainsi qu'un projet analogue de M. G. Berry, fut examiné à la Commission de Réforme judiciaire qui, par la plume de M. Raoul Péret, rapporteur, fit connaître, dans le

Journal du 8 janvier 1910, son avis sur la question. La
Commission adoptait la proposition de Boury, en conditionnant plus strictement encore la fabrication et la vente des
armes de poche, dont elle réservait le monopole aux armuriers,
mais elle rejetait l'autorisation de port d'armes et justifiait
ainsi le maintien de l'interdiction : « Malgré toutes les pré-
« cautions, des individus peu recommandables, des fous
« surtout, des alcooliques obtiendront l'autorisation, sans
« compter qu'elle serait accordée ou refusée plus ou moins
« arbitrairement. Que d'abus à redouter, que de craintes à
« concevoir aussi le jour où des milliers, sinon des millions
« de citoyens pourraient circuler ayant légalement dans leur
« poche des revolvers, des poignards, des casse-têtes ou des
« coups de poing américains, et ne frémit-on pas en pensant
« que nous serions exposés à voir des manifestants, porteurs
« de ces armes en vertu d'une autorisation régulière, envahir
« les voies publiques et se livrer, sous l'empire de sentiments
« violents, à un véritable carnage ? La conclusion de tout
« cela est qu'il faut s'habituer à cette idée qu'une arme n'est
« pas un objet à porter sur soi, mais aussi faire pénétrer dans
« l'esprit des juges cette autre idée que la justice doit se mon ·
« trer sans pitié pour ceux qui commettront le délit de port
« d'armes illicites. Plus de couteaux et de revolvers dans les
« poches de personne. Mettons-nous sous la seule protection
« du glaive de la loi ».

La Commission de Réforme judiciaire aggravait même les
sanctions du port d'armes prohibées et proposait les pénalités
suivantes : un mois à deux ans de prison et 50 à 100 francs
d'amende avec interdiction de séjour jusqu'à 10 ans. En cas de
récidive, les peines seraient doublées.

Le projet de loi ne vint en discussion à la Chambre que le
11 juillet 1911 et, dans l'intervalle, des polémiques de presse
furent engagées. Un journaliste, qui s'est fait une notoriété
spéciale par ses campagnes tapageuses en faveur d'individus
peu intéressants, continua à réclamer l'institution du permis
de port d'armes avec d'autant plus d'insistance qu'il s'attribuait
l'initiative de cette idée en France. Des groupements autorisés
opinèrent dans le même sens. La Société Générale des Prisons

condensa son avis dans cette formule : « Armer les honnêtes gens ; désarmer les apaches. » Telle fut aussi l'appréciation de la Chambre de Commerce de Paris, qui proposait toutefois de donner aux autorisations un caractère temporaire et révocable. — Les intérêts des armuriers, que la sévérité de la Commission semblait quelque peu méconnaître, trouvèrent parmi les membres du Parlement de très ardents défenseurs. M. Durafour, député de Saint-Etienne, se fit l'avocat zélé de toute une catégorie importante de ses électeurs, et, prenant lui aussi le *Journal* pour tribune, protesta, dans le n° du 2 avril 1911, contre les entraves dont la législation nouvelle menaçait le commerce des armes.

Quel fut le résultat de ces polémiques ? La Commission de Réforme judiciaire, craignant de heurter l'opinion publique en maintenant l'interdiction absolue du port d'armes et de léser les industries intéressées par une réglementation minutieuse de la fabrication et de la vente des armes, renonça purement et simplement à saisir la Chambre d'une double proposition dont le succès était des plus douteux. M. Péret déposa un rapport supplémentaire à la date du 3 avril 1911 et ce rapport était muet sur les deux questions brûlantes, qui étaient la base même de la réforme législative projetée. Il proposait seulement la modification, non de l'article 314 du Code Pénal et de la loi du 24 mai 1834, mais des articles 232 et 318 du Code Pénal et de l'article 4 de la loi du 27 mai 1885, aggravant, en tout et pour tout, les peines portées contre les auteurs des crimes ou délits commis avec l'usage d'une arme.

Voici le texte de ces articles :

Article premier. — L'article 232 du Code Pénal est ainsi modifié :

« Dans le cas même où ces violences n'auraient pas causé d'effusion de sang, blessures ou maladies, les coups seront punis de la réclusion, s'ils ont été portés avec préméditation ou guet-apens *ou si le coupable a fait usage d'une arme.*

« Le coupable pourra, en outre, être soumis pendant deux ans au moins et dix ans au plus à l'interdiction de séjour. » (1)

---

(1) Texte de l'article 232 du Code Pénal. — « Dans le cas où ces violences n'auraient pas causé d'effusion de sang, blessures ou maladie, les coups seront punis de la réclusion s'ils ont été portés avec préméditation ou guet-apens ».

Cet article vise uniquement les violences exercées contre des magistrats, des officiers ministériels ou des agents de la force publique.

Art. 2. — L'article 318 du Code Pénal est remplacé par le texte suivant :

« Lorsque les crimes ou délits contre les personnes auront été commis à l'aide d'une arme, le maximum de la peine sera toujours prononcé.

« Le coupable pourra, en outre, être soumis à l'interdiction de séjour pendant deux ans au moins et dix ans au plus.

« Dans tous les cas de condamnation pour port d'armes prohibées, les tribunaux ordonneront la confiscation de l'arme. L'arme confisquée sera détruite (1).

« Art. 3. — L'article 4 de la loi du 27 mai 1885 modifiée par la loi du 3 avril 1903, est ainsi modifié et complété :

« Seront relégués les récidivistes qui, dans quelque ordre que ce soit, et dans un intervalle de dix ans, non compris la durée de toute peine subie, auront encouru les condamnations énumérées à l'un des paragraphes suivants :

« 1° Deux condamnations aux travaux forcés ou à la réclusion sans qu'il soit dérogé aux dispositions des § 1er et 2 de l'article 6 de la loi du 30 mai 1854 ;

« 2° Une des condamnations énoncées au § précédent et deux condamnations, soit à l'emprisonnement pour faits qualifiés crimes, soit à plus de trois mois d'emprisonnement pour vol, escroquerie, abus de confiance, outrage public à la pudeur, excitation habituelle des mineurs à la débauche ; embauchage en vue de la débauche ; assistance de la prostitution d'autrui sur la voie publique ; vagabondage ou mendicité, par application des articles 277 et 279 du code pénal ; *délit contre les personnes commis à l'aide d'une arme* ;

« 3° Quatre condamnations, soit à l'emprisonnement pour faits qualifiés crimes, soit à plus de trois mois d'emprisonnement pour les délits spécifiés au § 2 ci-dessus ;

« 4° Sept condamnations, dont deux au moins prévues par les deux § précédents et les autres, soit pour vagabondage, soit pour infraction à l'interdiction de résidence signifiée par l'application de la présente loi, à la condition que deux de ces autres condamnations soient à plus de trois mois d'emprisonnement.

« Sont considérés comme gens sans aveu et seront punis des peines édictées contre le vagabondage tous individus qui, soit qu'ils aient ou non un domicile certain, ne tirent habituellement leur subsistance que du fait de pratiquer ou de faciliter sur la voie publique l'exercice de jeux illicites.

____

(1) L'article 318, abrogé par la loi du 5 mai 1855, réprimait la vente et le débit des boissons falsifiées.

« Seront punis d'un emprisonnement de trois mois à deux ans et d'une amende de 100 francs à 1.000 francs avec interdiction de séjour de cinq à dix ans, tous individus ayant fait métier de souteneur.

« *L'emprisonnement pourra être élevé jusqu'à cinq ans si le souteneur a été trouvé porteur d'une arme, bien qu'il n'en ait ni usé, ni menacé* (1).

« Sont considérés comme souteneurs, ceux qui aident, assistent ou protègent la prostitution d'autrui sur la voie publique et en partagent sûrement les profits ».

Les nouveaux articles furent votés presque sans discussion à la séance du 11 juillet 1911, sous le titre : « Proposition de loi portant modification des articles 232, 318 du Code Pénal et 4 de la loi du 27 mai 1885 ». Il n'était plus question, comme on le voit, de la réglementation du port d'armes. M. de Boury renonça à défendre son projet de loi et se rallia au rapport supplémentaire de la Commission ; il était préférable, pensait-il, d'aboutir à une solution partielle, en disjoignant les articles qui réglementaient la vente et visaient le port d'armes prohibées, et d'écarter du débat tout ce qui ne devait pas réunir l'unanimité des suffrages. M. G. Berry se hasarda bien à essayer de remettre en cause, par voie d'amendement, la réglementation de la vente des armes ; mais, après une intervention de M. Durafour, il demanda lui-même l'ajournement de la question. Quant au rapporteur, M. Raoul Péret, il motiva comme suit sa proposition :

Tout d'abord, nous vous demandons d'ajouter à l'article 232 du Code Pénal, qui vise les crimes ou les délits commis sur des magistrats, officiers ministériels et agents de la force publique, une disposition aux termes de laquelle l'usage d'une arme serait assimilé à la préméditation et au guet-apens.

M. Arbel. Toutes les armes ?

M. le rapporteur. Je m'expliquerai sur ce point.

Nous considérons, en d'autres termes, que celui qui fait usage d'une arme sur la personne d'un agent de la force publique, d'un officier ministériel, d'une manière générale sur l'une des personnes désignées dans l'article 232, est au moins aussi, sinon plus coupable que celui qui agit avec préméditation et guet-apens. Nous voudrions, dans ce

---

(1) Les deux passages soulignés constituent les additions faites à l'article 4 de la loi du 27 mai 1885 par la Chambre des Députés.

cas, voir appliquer la peine de la réclusion, le bénéfice des circonstances atténuantes pouvant être accordé, mais nous prévoyons la
peine accessoire de l'interdiction de séjour. Maintenant, pour répon-
dre à une interruption, je précise que nous entendons ici par arme,
suivant la définition qui se trouve dans l'article 101 du Code Pénal,
« toute machine, tout instrument ou ustensile tranchant, perçant ou
contondant » et non pas seulement les armes prohibées.

Voici une seconde innovation : c'est une aggravation de peine, c'est
le maximum de la peine devant être prononcé dans tous les cas de crimes ou de délits commis à l'aide d'une arme. Ce n'est pas là quelque
chose de nouveau dans notre droit criminel puisque en matière de
rébellion commise à main armée, de mendicité ou de vagabondage,
lorsque le coupable est porteur d'armes, d'attroupement à main
armée, le Code Pénal ou des lois spéciales prévoient une aggravation
de peine identique.

La Chambre voudra certainement adopter cette disposition et je
répète ce que je disais à notre collègue M. de Boury, qu'il ne peut
s'agir dans le nouvel article 318 du Code Pénal que des blessures volontaires, de délits intentionnels, et non pas des blessures involon-
taires.

En troisième lieu, nous vous proposons de créer un nouveau cas
de relégation. Vous savez que la loi du 27 mai 1885 stipule dans son
article 4 que pourront être relégués ceux qui, dans un intervalle de
dix ans, non comprise la durée de toute peine subie, auront encouru
une condamnation aux travaux forcés ou à la réclusion et deux condamnations soit à l'emprisonnement pour faits qualifiés crimes, soit à
plus de trois ans d'emprisonnement pour les délits de vol, escroquerie, abus de confiance, outrage public à la pudeur, excitation habituelle des mineurs à la débauche, etc.

Il nous a semblé qu'il était juste de mettre sur la même ligne que le
vol, l'escroquerie ou l'excitation habituelle des mineurs à la débauche,
le délit commis à l'aide d'une arme et si, dans les trois condamnations
exigées pour permettre aux tribunaux de prononcer la relégation, se
trouve une condamnation à plus de trois mois d'emprisonnement
pour délit contre les personnes commis à l'aide d'une arme, la peine
de la relégation sera encourue (*Très bien ! très bien !*)

J'en aurai terminé, messieurs, quand je vous aurai indiqué qu'un
emprisonnement de cinq ans pourra être prononcé contre le souteneur trouvé porteur d'une arme, bien qu'il n'en ait ni usé ni menacé.
Il est bon d'ailleurs que vous sachiez que cette disposition n'est pas
due à la seule initiative de la Commission, mais que le précédent
Gouvernement l'avait proposée dans un projet qu'il avait préparé,
mais qui n'a pas été déposé.

Telles sont résumées, très fidèlement, les dispositions que nous soumettons au vote de la Chambre. Je répète que si nous proposons la disjonction de toutes celles relatives à la réglementation de la vente et de la fabrication, c'est parce qu'à leur sujet un long débat pourrait s'engager qui serait susceptible de retarder le vote des textes sur lesquels, je pense, tous nos collègues vont se trouver d'accord (*Applaudissements*).

. . . .

Je tiens à dire que la Commission se réserve le droit de demander à la Chambre, après les vacances, de réclamer la mise à l'ordre du jour de la partie du projet qui n'a pas été discutée à cette séance (*Applaudissements*).

La discussion de la partie essentielle du projet, malgré l'intention exprimée par M. Péret, ne fut jamais reprise. La Chambre, qui avait craint de retarder son départ en vacances par des débats qui s'annonçaient longs et mouvementés, ne trouva pas, dans la suite, le loisir de les aborder.

Elle en fut, à vrai dire, découragée par le Sénat qui détruisit, à sa séance du 26 décembre 1911, l'œuvre partielle excellente si laborieusement menée à bien au Palais-Bourbon. Au lieu de maintenir la disjonction des articles du projet et de ratifier sagement les résultats obtenus, M. Flandin crut devoir, tout en laissant de côté la question de la fabrication et du commerce des armes, s'attaquer au problème du port d'armes, négliger la modification de l'article 232 et incorporer au nouvel article 314 l'aggravation prévue pour crimes et délits commis à l'aide d'une arme (article 318 de la Chambre) ou par un porteur d'armes.

Voici d'ailleurs le texte de l'article 314, tel qu'il fut proposé à l'approbation du Sénat :

ARTICLE PREMIER. — L'article 314 du Code Pénal est remplacé par les dispositions suivantes :

« Tout individu qui aura été trouvé porteur d'une arme prohibée par les lois, ordonnances, décrets ou règlements d'administration publique, sera puni d'une amende de 16 à 200 francs.

« Tout individu qui, étant porteur d'une arme prohibée, se sera rendu coupable d'un crime ou d'un délit, sera puni du maximum de la peine prévue pour la répression de ce crime ou de ce délit.

« Tout individu qui, étant porteur d'une arme quelconque, apparente ou cachée, en aura fait usage ou aura tenté d'en faire usage pour commettre un crime ou un délit, pourra, dans tous les cas, en dehors des pénalités fixées par la loi, lesquelles seront portées au double, être soumis à l'interdiction de séjour pour une durée de deux années au moins.

« Tous jugements portant condamnation en vertu du présent article ordonneront la confiscation des armes saisies. Les armes confisquées seront détruites. »

M. Flandin, pour remédier à l'abus du port d'armes, supprimait (ô logique !) la peine d'emprisonnement contre les individus porteurs d'arme prohibée. Encore la peine d'amende parut-elle bien sévère contre le délinquant ou plutôt le mot « tout individu » parut-il trop compréhensif. M. Delahaye proposa, au milieu des rires, de remplacer le mot « individu » par les mots « apache et souteneur ». M. Bérenger déclara que le premier paragraphe lui paraissait trop absolu dans sa rédaction. Il proposa d'ajouter un correctif. « Tout individu qui aura été trouvé porteur, *sans nécessité reconnue* ». Après de pénibles efforts, le garde des sceaux soumit au Sénat la formule « sans motif légitime » et cette formule fut acceptée. Le même amendement fut voté pour le § 2 qui fut ainsi rédigé : « Tout individu qui, étant porteur *sans motif légitime* d'une arme prohibée, etc... » Les deux derniers § du nouvel article furent votés sans discussion.

Tels furent les résultats d'une mise au point achevée dans le fracas des polémiques et dans les tâtonnements de consul-. tations contradictoires.

A quel mobile attribuer la suppression par le Sénat de la peine d'emprisonnement pour le délit de port d'armes prohibées ? M. Flandin, dans l'exposé des motifs, déclarait : « Nous maintenons les dispositions que cet article a édictées en ce qui concerne le port d'armes prohibées » Ignorait-il que la partie de l'article 314 qui vise le port d'armes avait été virtuellement abrogée par la loi du 24 mai 1834, laquelle avait ajouté à l'amende l'emprisonnement de six jours à six mois contre le porteur d'armes prohibées ? Cette supposition paraît vraisemblable puisque, au cours de la discussion, M. Flandin, défendant son texte contre les critiques de MM. Delahaye et Bérenger, rappela que ce texte était la reproduction pure et simple de l'article 314 du Code Pénal, ajoutant que la loi de 1885 avait fait tomber les dispositions de l'article 314 relatives à la fabrication et au commerce des armes, mais avait laissé subsister celles visant le port d'armes (*Journal officiel* du 27 décembre 1911). — D'autre part, en mitigeant le projet de la Chambre, M. Flandin faisait une concession aux partisans du droit de port d'armes, à M. Bérenger notamment, qui n'aurait pas admis la peine de prison pour un « véritable délit-contravention, indépendant de toute intention frauduleuse » et qui trouvait déjà trop absolus les termes de la proposition Flandin. — Enfin, M. Flandin attachait beaucoup plus d'importance au second et au troisième § de son article 314 qu'au premier. Si on lit attentivement l'exposé des motifs de son projet, on s'aperçoit que M. Flandin est préoccupé de la poursuite des crimes et des délits commis par des porteurs d'armes ou à l'aide d'armes beaucoup plus que du port d'armes prohibées. Il désire atteindre les malfaiteurs de profession, bonneteurs et souteneurs en particulier, à l'égard desquels il s'applique à renforcer la répression en rendant plus facile la preuve de leur état délictueux (1). Il maintient à leur égard les dispositions ajoutées par la Chambre à l'article 4 de la loi du 27 mai 1885. A ses yeux, la répression du port d'armes simple était plutôt une mesure de sécurité à l'égard des imprudents ; pour les ennemis de l'ordre social, les dispositions des § 2 et 3 devaient jouer, pensait-il, avec une efficacité telle qu'ils ne pourraient jamais échapper aux rigueurs de la nouvelle législation.

Quoi qu'il en soit, le projet de loi Flandin voté par le Sénat et qui s'intitulait : « Proposition de loi ayant pour objet la répression : 1° des crimes et des délits commis à l'aide d'ar-

---

(1) Le projet Flandin contient une modification très heureuse de la définition des vagabonds spéciaux, tenanciers de jeux illicites et souteneurs (art. 4 de la loi du 27 mai 1885, 6° et 7° alinéas) M Flandin fait tomber sous le coup de la loi ceux qui tirent leur subsistance du fait de pratiquer ou de faciliter l'exercice des jeux illicites non seulement sur la voie publique, mais encore *dans les lieux publics.* — De plus, pour établir l'exercice du métier de souteneur, il n'exige plus que les agents de police aient assisté à une remise d'argent de la prostituée à son protecteur ; il substitue à la formule « et qui en partagent sciemment les profits » la formule « *et pour en partager sciemment les profits* » (Voir supra le texte entier de l'article).

mes ; 2° du vagabondage spécial », prit le chemin du Palais-Bourbon ; mais il ne fut jamais soumis à la Chambre en séance publique et c'est toujours la loi du 24 mai 1834 qui sanctionne le délit de port d'armes prohibées. En vain l'année 1912 connut-elle une floraison de crimes inouïs et notamment les sinistres exploits de la bande Bonnot. La Commission de Réforme judiciaire estima sans doute que le Sénat avait méconnu ses intentions et qu'un accord était impossible entre les conceptions contraires des deux Assemblées. Elle hésita à rouvrir d'interminables débats qui, procédant d'une urgente nécessité de protection sociale, avaient abouti, sur le point essentiel, non à un accroissement de sévérité, mais à une réduction des sanctions. Triste exemple de la stérilité des discussions parlementaires lorsque font défaut à ceux qui prétendent y participer le sens des nécessités pratiques et un parfait désintéressement électoral ! (1)

---

(1) Nous ne mettons point en cause la haute compétence juridique des deux rapporteurs, MM. Péret et Flandin ; il est seulement regrettable qu'il y ait eu entre eux une telle divergence de point de vue.

CHAPITRE III

Faut-il regretter l'échec à peu près complet de tant de louables efforts de la part de nos législateurs ? Et d'abord, comme nous venons de le dire, un projet viable ne pouvait sortir d'aspirations aussi incohérentes et aussi contradictoires. Il y avait, en ce qui concerne la répression du port d'armes, des tendances opposées trop absolues entre les deux Assemblées. En aggravant la peine d'emprisonnement prévue par la loi du 24 mai 1834, la Chambre n'avait songé qu'à accabler les malfaiteurs ; en supprimant la peine d'emprisonnement, le Sénat n'avait songé qu'à ménager les honnêtes gens. La Chambre avait en vue l'arme offensive, le Sénat l'arme défensive. La Chambre, songeant aux récents attentats, cherchait à désarmer les apaches par la menace de lourdes pénalités ; le Sénat, songeant aux mêmes attentats, essayait par l'amendement « sans motif légitime » d'ouvrir au bourgeois précautionneux une porte sur l'impunité. La Chambre s'en prenait aux agresseurs ; le Sénat s'intéressait par avance aux victimes. Aucune conciliation n'était possible *a priori* entre les deux systèmes et le Palais-Bourbon ne pouvait, sans se déjuger, donner son agrément à l'article 314 du projet Flandin.

En fait, rien n'est plus difficile qu'une solution précise et définitive de cet irritant problème du port d'armes. S'il n'existait que deux cas typiques, le malfaiteur armé pour l'agression, l'honnête homme armé pour sa défense, on pourrait dans un même texte sévir énergiquement contre le premier et absoudre le second. Mais les espèces ne sont jamais aussi simples. Entre quelles mains un revolver est-il une arme offensive ? Entre quelles autres est-il une arme défensive ? La clause du « motif légitime » ouvre la porte à l'arbitraire. Bien plus, elle autorise quiconque à se munir d'une arme ; car le rôdeur, dont le métier comporte certains risques, se persuade facilement à lui-même qu'il garantit, en glissant dans sa poche un « surin » ou un « feu », sa sécurité personnelle.

Faut-il donner des limites légales au « motif légitime » en créant l'autorisation de port d'armes ? Ce serait un très gros danger. Sans doute le permis de port d'armes existe dans plusieurs pays, en Angleterre, en Italie, en Hollande, en Suisse, en Prusse, en Autriche-Hongrie. Mais ce régime du permis, qui ne donne pas à l'étranger des résultats uniformément satisfaisants, ne conviendrait pas, croyons-nous, au caractère français. Son institution donnerait à la généralité une impression de malaise ; car les pouvoirs publics sembleraient *ipso facto* reconnaître leur impuissance à assurer par des moyens préventifs la sécurité des honnêtes gens. Aux yeux de la foule, le risque d'agression, quasi-insignifiant, deviendrait, par un contre-coup de défiance, un danger positif, sérieux, qui inciterait à prendre des précautions déraisonnables. Qui résisterait à la tentation de demander le permis de port d'armes ? A qui l'accorderait-on ? A qui le refuserait-on ? M. le sénateur Flandin, assez hostile au principe du permis, déclarait justement : « En fait, il serait fort difficile à l'Administration, sous peine de s'exposer au reproche d'arbitraire, de refuser l'autorisation de port d'armes à quiconque ne serait pas pourvu d'un casier judiciaire ». M. Georges Berry avait signalé, lui aussi, à la Chambre, les inconvénients d'un tel système : « Il est certain qu'un port d'armes de cette nature serait accordé à tous ceux qui, n'ayant pas de casier judiciaire, en feraient la demande. Ce serait alors à des millions de demandes de port d'armes qu'il faudrait satisfaire et voyez ce qu'il adviendrait : tout le monde aurait un revolver dans sa poche... Ce serait évidemment un danger réel et permanent pour les voisins d'un déséquilibré. Dans les manifestations publiques, où l'on va parfois en curieux, il suffirait qu'un manifestant tirât son revolver pour déterminer une tuerie générale. — Quoi ! Allez-vous accorder un permis de chasse contre les gens, comme vous accordez un permis de chasse contre le gibier ?... Il est certain que la vue et la possession de l'arme excitent les gens à s'en servir ».

Sans s'arrêter à un tel remède, qui serait pire que le mal,

existe-t-il des mesures d'ordre législatif, judiciaire ou administratif qui permettraient de réduire les ravages causés par l'abus du port d'armes ?

§ Ier

Les dispositions contenues dans les alinéas 2, 3 et 4 de l'article Ier du projet Flandin, ainsi que les modifications proposées par la Chambre des députés et par le Sénat à l'article 4. de la loi du 27 mai 1885 constituaient un progrès partiel très notable sur la législation antérieure. Elles comblaient une lacune de notre Code Pénal en donnant aux infractions commises à l'aide d'armes ou par des porteurs d'armes un caractère de gravité particulière. Il eût été intéressant de les faire voter isolément et de les introduire de façon définitive dans l'arsenal de nos textes répressifs.

On peut regretter en outre que des raisons d'ordre assez mesquin aient fait éliminer de façon complète la question de la fabrication et de la vente des armes prohibées. Sans porter atteinte aux intérêts respectables du commerce français, on pouvait et on devait réserver aux armuriers patentés la licence de vendre ces armes et assujettir cette vente aux formalités prévues par la Commission des Réformes judiciaires du Palais-Bourbon : déclaration préalable, registre visé par la police, portant mention de toutes les opérations, armes numérotées. et livrées à domicile. Il y avait là une série de garanties susceptibles d'inspirer de salutaires réflexions au vendeur cupide. et à l'acheteur malintentionné.

§ II

A défaut de cette légitime réglementation d'un commerce dangereux, aussi dangereux que celui des substances toxiques. auquel il eût pu être assimilé par certains côtés, la vigilance des Parquets et la sévérité des Tribunaux peut, en s'exerçant. judicieusement, atténuer l'importance du fléau : « Il n'est pas. nécessaire, disait un haut magistrat du Parquet de la Seine, en septembre 1910, à chaque recrudescence de la criminalité,.

d'édicter des pénalités nouvelles, si la législation existante est suffisante, pourvu qu'elle soit sagement et fermement appliquée. Que l'opinion, après avoir inconsciemment convié les juges à l'humanitarisme et à la bienveillance excessive, les encourage dans leur mission d'assainissement, au lieu d'énerver leur action par des critiques injustifiées ; que les pouvoirs publics se déshabituent de l'inexécution presque normale des peines et des amnisties quasi-annuelles et peu à peu tout rentrera dans l'ordre ». Ce magistrat rappelait l'exemple d'un procureur général qui, vers 1880, avait enrayé dans un département la criminalité sanguinaire en stimulant le zèle de la force publique à l'égard des porteurs d'armes cachées, en faisant requérir par le ministère public le maximum de la peine et en faisant relever appel, au besoin, des condamnations trop bénignes. Après deux ans de ce régime, les revolvers, pistolets et couteaux se firent rares et la criminalité diminua sensiblement.

Il serait peut-être excessif de souhaiter que des sanctions uniformément sévères s'abattent sur tous les délinquants. La circulaire Briand du 20 août 1912 dont nous avons parlé au premier chapitre de notre étude, *in fine*, paraît inspirée d'un sentiment plus nuancé des espèces et d'un souci plus équitable d'approprier les peines à la gravité relative des culpabilités. Il nous paraît intéressant de citer en entier le passage de cette circulaire qui contient les instructions concernant la répression du port d'armes proprement dit : « D'une façon absolue, la loi interdit le port des armes secrètes, mais l'application de cette prohibition générale laisse aux magistrats le choix de sanctions pouvant être abaissées par l'admission de circonstances atténuantes jusqu'à une amende minime, ou s'élever jusqu'à un emprisonnement de six mois, aggravé de la peine accessoire de l'interdiction de séjour. L'indulgence s'impose à l'égard de l'honnête homme trouvé porteur d'une arme prohibée, mais ayant pour excuse la menace d'une agression. Par contre, pour rendre effective la protection qu'a en vue la loi, ses pénalités doivent atteindre, dans toute leur rigueur, les gens sans aveu et les récidivistes. Elles doivent être appliquées sans faiblesse aux inculpés qui, à raison des circonstances mêmes dans lesquelles a été constatée l'infraction, apparaissent comme dangereux. C'est ainsi que le délit de port d'arme prohibée ne manquera jamais d'être relevé contre les individus appréhendés en état d'ivresse publique, au cours de manifestations tumultueuses, à l'occasion de rixes ou de bagarres ».

Dans cette dernière phrase, le garde des sceaux semble reconnaître implicitement que, dans certains cas, il n'y aurait pas un péril bien grand à omettre parfois de relever le délit de port d'arme prohibée. Mais il ne faut pas tirer d'indication précise de ce raisonnement *a contrario*. Aucune circonstance de fait ne peut enlever à la loi pénale son caractère absolu et l'indulgence qui s'impose à l'égard de l'honnête homme trouvé porteur d'une arme prohibée ne saurait, sans arbitraire, aller jusqu'à l'absolution. La distinction était toutefois indispensable entre les diverses catégories de délinquants et elle se trouve marquée dans la circulaire en termes excellents dont nos juristes du Parlement auraient dû méditer la leçon. Elle traçait les limites extrêmes dans lesquelles devait évoluer, sans les dépasser, la nouvelle législation du port d'armes, s'inspirait exclusivement de l'intérêt social et s'affranchissait du particularisme étroit qui devait faire avorter la réforme devant le Sénat.

§ III

Il appartient à l'Administration de rendre effectives les prescriptions de la circulaire Briand en s'attachant à rechercher les armes sur la personne des individus dangereux. La Police est amenée à constater le délit de port d'armes prohibées lorsqu'elle procède à la fouille des inculpés arrêtés pour d'autres infractions. La fouille, véritable perquisition, n'est, en principe, justifiée légalement que lorsqu'elle est pratiquée sur un criminel ou un délinquant arrêté en flagrant délit ou en vertu d'un mandat de justice ; mais elle est pratiquée en outre sur des ivrognes, par mesure de précaution, avant leur incarcération momentanée et sur les perturbateurs de l'ordre public que leur turbulence dangereuse fait amener dans un poste de police au cours de manifestations. La Police peut, en outre, organiser, la nuit surtout, des rafles dans les hôtels et débits mal famés, dans les tripots et les bouges, fouiller toutes les personnes surprises dans ces lieux suspects. Ces opérations, dites « descentes », sont effectuées régulièrement en exécution de mandats de perquisition délivrés par les Préfets en vertu de l'article 10 du Code d'Instruction criminelle.

Enfin, la Police s'autorise de sa mission de salubrité sociale pour interpeller la nuit sur la voie publique les individus aux allures louches ou porteurs d'objets suspects, les rôdeurs isolés ou en groupes. Son rôle de protection préventive lui permet de s'assurer que ces gens douteux ne sont pas armés pour commettre des méfaits. Cette pratique, qui n'est réglée par aucun texte de loi, permet seule d'exercer une épuration réelle de la voie publique et d'assurer l'application effective de l'article 314. Elle ne vise pas l'honnête homme rentrant de son travail, le passant attardé, le promeneur inoffensif qui sont à l'abri de toute intervention vexatoire. Elle doit être employée avec tact et perspicacité, surveillée autant que possible par un gradé. Il importe qu'une garantie de sécurité ne se transforme pas en une menace de perquisition abusive et que notre liberté individuelle ne soit pas arbitrairement molestée par le caprice de ceux qui sont chargés de nous défendre.

On pourrait aussi demander à l'Etat qu'il cesse de favoriser lui-même l'usage du port d'armes prohibées, comme il le faisait avant la guerre, par la remise en circulation des armes confisquées. Ces armes auraient dû toujours être détruites, ainsi qu'il est stipulé dans les projets de la Chambre et du Sénat, et non vendues à vil prix par les soins de l'Administration des Domaines qui approvisionnait fort innocemment de la sorte les brocanteurs et ferrailleurs, pourvoyeurs habituels de messieurs les apaches.

§ IV

A côté de ces moyens directs de lutte contre le port d'armes prohibées, il existe des mesures d'ordre plus général dont la répercussion bienfaisante sur toutes les formes de criminalité est indéniable. « Le vice et la vertu, a dit Taine, sont des produits comme le sucre et le vitriol ». Tout changement dans les conditions sociales a son influence sur la moralité publique. Il importe donc de rechercher les causes profondes des infractions, de saisir les rapports de ces phénomènes avec l'ensemble des phénomènes sociaux et de demander à des institutions sagement appropriées de tarir autant que possible les sources de la criminalité. L'école criminaliste néo-italienne a parfaitement compris que c'était sur le terrain économique que la lutte contre le crime devait s'engager : « Pour lutter contre les forces du mal, a dit Ferri, il faut employer des forces de même plan, des forces homogènes. Réprimer, c'est utiliser une force psychologique. Comment réduira-t-on les influences malfaisantes d'ordre physiologique et d'ordre social qui entrent pour une large part comme éléments de causalité des infractions ? » Cette œuvre de haute salubrité ne peut être menée à bien que par des mesures législatives et administratives sagement mûries. Parmi celles qui paraissent de nature à atténuer la criminalité à main armée, bornons-nous à citer, pour ne pas entrer dans des développements étrangers à notre sujet : la lutte contre l'alcoolisme, la surveillance de la fréquentation scolaire, l'organisation de l'apprentissage, la suppression du vagabondage des mineurs et enfin le souci de donner au peuple une éducation morale qui lui inspire à la fois des sentiments de dignité personnelle et de respect d'autrui. Un grand progrès sera obtenu si l'on cesse de considérer la criminalité comme constituée par une série d'actes individuels à réprimer isolément et si on l'envisage comme un ensemble de phénomènes de pathologie sociale dont le traitement n'est possible qu'après une étude approfondie des causes lointaines qui les déterminent.

CONCLUSIONS

Pendant plus de quatre ans, la France s'est défendue contre la plus formidable agression qu'un peuple ait jamais subie. La fortune des armes, longtemps maussade, a favorisé enfin les soldats du Droit, dont la férocité allemande a multiplié le nombre, en soulevant contre elle la presque unanimité des peuples civilisés. Nos soldats, exaltés par le succès, ont refoulé l'envahisseur hors des frontières ; ils ont vu la Victoire décisive couronner leurs efforts surhumains et leurs sacrifices. Bientôt la vie normale reprendra son cours et, par delà les deuils et les désastres, s'élaborera sur notre sol meurtri l'œuvre gigantesque des résurrections, la restauration des foyers détruits, des industries saccagées, la reprise des travaux de la Paix.

Comment s'effectuera cette immense réadaptation économique ? Si clairvoyantes et si sages que soient les méthodes gouvernementales et bien qu'il faille écarter le spectre de douloureuses convulsions sociales, il est bon de ne pas négliger les précautions et de ne pas s'illusionner sur les difficultés qui surgiront inévitablement au cours de la période intermédiaire.

Les sources de conflit seront nombreuses entre les diverses catégories de citoyens.

A la période de restrictions et de « vie chère » ne succédera pas immédiatement une période d'abondance et de modération dans les prix. En revanche, on peut prévoir la compression de certains salaires, des chômages, des à-coups. L'Etat ne sera plus le principal, presque l'unique et facile client de l'industrie. La nécessité de concurrencer la production étrangère imposera des tarifs normaux. Avant d'arriver à un état d'équilibre entre les nécessités d'un marché raisonnable et les exigences d'une main-d'œuvre sagement rémunérée, une crise est à prévoir que la joie du Triomphe adoucira sans la conjurer entièrement.

A côté de la question des salaires, celle des loyers, éludée plutôt que résolue par les lois récentes, sera aussi, dans un avenir plus ou moins lointain, l'origine de multiples incidents.

La vie sera dure pour tous, même pour nos héroïques soldats envers qui nous aurons contracté une si lourde dette de reconnaissance. Ils bénéficieront certes de l'estime admirative de tous ; mais cette créance ne pourra pas se payer seulement en égards, en cérémonies platoniques, en discours laudatifs, en monuments de commémoration. Ceux qui auront libéré la Patrie auront droit à des attentions plus substantielles. Ces attentions répondront-elles toujours à leurs espoirs ? N'y aura-t-il pas des mécomptes ? L'égoïsme de certains enrichis de la guerre ne provoquera-t-il pas de légitimes indignations ? La criante contradiction entre certaines opulences trop facilement acquises et les nombreuses détresses atrocement accumulées ne créera-t-elle pas des abîmes d'inimitié, des révoltes devant les inégalités du sort ? Les nerfs du poilu, tendus si longtemps par les souffrances, les périls, les visions infernales du champ de bataille, s'apaiseront-ils de façon définitive dans les gestes du labeur pacifique et dans les joies du foyer retrouvé ? Nous devons compter sur la sagesse et sur la dignité de ceux qui auront sauvé la France. Mais, après un bouleversement aussi complet et aussi prolongé, après des revirements aussi brusques et aussi injustes des situations personnelles, une remise en place équitable de chaque unité dans l'organisation sociale ne pourra pas se faire sans quelques froissements. Ces frictions inévitables ne seront-elles pas exploitées par les démagogues, désireux de reprendre à leur profit la lutte de classes ?

Le problème de la démobilisation se pose donc dès maintenant dans toute son obsédante acuité. Parmi les mesures préventives de police que l'État pourra et devra prendre pour enlever aux futures démonstrations publiques un caractère inquiétant, l'étroite surveillance de la vente et du port d'armes est peut-être la plus importante de toutes.

Dans les premiers jours de la guerre, les commissaires de police ont été chargés, en vertu de l'article 9 § 3 de la loi du 9 août 1849, sur l'état de siège, de rechercher les armes et de procéder à leur enlèvement. Les particuliers ont été sommés de remettre aux autorités les armes et les munitions qu'ils détenaient. La vente des armes a été suspendue et des inventaires ont été pratiqués chez les armuriers.

Ces sages mesures n'ont pas été, il faut bien le dire, appliquées d'une façon radicale. La remise ou saisie des armes a été surtout effectuée en ce qui concerne les fusils de chasse (1) et nombre de petites armes ont été dissimulées. Depuis cette époque, des revolvers de poche et des couteaux-poignards ont été confiés à nos vaillants poilus pour le « nettoyage » des tranchées ennemies. Qu'adviendra-t-il de ces armes rendues inutiles ? D'autre part, un certain relâchement s'est manifesté à diverses reprises chez les armuriers et autres commerçants d'armes. Une circulaire du Préfet de police du 1er juillet 1916 a attiré, à Paris et dans la banlieue, la vigilance des commissaires de police sur la mise en vente illicite par les armuriers et même sur l'exposition à leur étalage d'armes prohibées. Elle a rappelé que la levée partielle de l'état de siège à Paris avait maintenu en vigueur l'article 9 de la loi du 9 août 1849 et a ordonné la mise sous scellés chez les armuriers et autres marchands de toutes les armes prohibées détenues par ces commerçants. La circulaire se termine ainsi : « Je souhaite que vous exerciez toute votre vigilance à la recherche de tous les débitants d'armes prohibées, armuriers ou autres, qui se trouvent dans vos quartiers et que vous persuadiez ces commerçants, avant de sévir, de tout l'intérêt qu'il y a pour la société que cette vente cesse. — Je ne doute pas que leur bonne volonté jointe à votre zèle et à votre circonspection ne mette un terme à ce commerce pour le moins illicite ». Les prescriptions administratives qui font appel à la bonne volonté sont le plus souvent inopérantes ; elles ont un caractère caduc qui oblige à tenir en éveil par des rappels périodiques le zèle des fonctionnaires sollicité journellement par des objets nouveaux (2).

Il est urgent qu'une loi restreignant la fabrication et le

---

(1) Ces armes ont été restituées depuis sur présentation d'un permis de chasse.

(2) Le Parquet de la Seine, depuis quelques mois, a pris l'excellente habitude de saisir les armes à feu ayant servi à des suicides.

commerce des armes soit votée dans le sens prévu par les projets de Boury et Péret. Il importe également que le délit de port d'armes prohibées soit sanctionné désormais avec la dernière sévérité. Enfin il est surtout indispensable que les réunions publiques et les manifestations de la rue soient étroitement surveillées. La présence dans un cortège paisible de quelques individus secrètement armés constitue un danger permanent d'émeute et la « psychologie des foules » nous renseigne sur les causes infimes qui provoquent parfois des sursauts terribles dans les groupements populaires. La France aura trop souffert en conquérant la Paix du droit, pour ne pas exclure, après la tyrannie de la Force, l'occulte oppression des agitateurs qui chercheraient à corrompre les fruits de sa Victoire.

TABLE DES MATIÈRES

Laval. — Imprimerie L. Beaumont, quai Jean-Fouquet.

www.ingramcontent.com/pod-product-compliance
Ingram Content Group UK Ltd.
Pitfield, Milton Keynes, MK11 3LW, UK
UKHW022336120726
13694UKWH00004B/1605